São Rafael Arcanjo

Elisabete de Figueiredo Pascoal
Maria Helena de Figueiredo Mendes
Rita Margarida de Figueiredo Pascoal

São Rafael Arcanjo

História, devoção e novena

Petrópolis

© 2023, Editora Vozes Ltda.
Rua Frei Luís, 100
25689-900 Petrópolis, RJ
www.vozes.com.br
Brasil

6ª edição, 2014.
2ª reimpressão, 2025.

Todos os direitos reservados. Nenhuma parte desta obra poderá ser reproduzida ou transmitida por qualquer forma e/ou quaisquer meios (eletrônico ou mecânico, incluindo fotocópia e gravação) ou arquivada em qualquer sistema ou banco de dados sem permissão escrita da editora.

CONSELHO EDITORIAL	**PRODUÇÃO EDITORIAL**

Diretor
Volney J. Berkenbrock

Editores
Aline dos Santos Carneiro
Edrian Josué Pasini
Marilac Loraine Oleniki
Welder Lancieri Marchini

Conselheiros
Elói Dionísio Piva
Francisco Morás
Teobaldo Heidemann
Thiago Alexandre Hayakawa

Secretário executivo
Leonardo A.R.T. dos Santos

Anna Catharina Miranda
Eric Parrot
Jailson Scota
Marcelo Telles
Mirela de Oliveira
Natália França
Priscilla A.F. Alves
Rafael de Oliveira
Samuel Rezende
Verônica M. Guedes

Ilustrações: José Wolney Meneses dos Santos
Editoração e org. literária: Otaviano M. Cunha
Diagramação: AG.SR Desenv. Gráfico
Capa: Omar Santos

ISBN 978-85-326-2852-7

Este livro foi composto e impresso pela Editora Vozes Ltda.

Sumário

Introdução, 7

História de São Rafael, 9

Hino de São Rafael, 13

Ladainha de São Rafael, 15

Novena de São Rafael, 19

Orações a São Rafael, 21

Referências bibliográficas, 27

INTRODUÇÃO

Arcanjos, para vós / um canto de vitória, /
porque no céu reinais, / imensa é a vossa glória.
Conosco, ó Rafael, / à Pátria caminhai. /
Aos corpos dai saúde, / as mentes
libertai (Liturgia das Horas).

Os anjos sempre tiveram participação em importantes momentos da história da Igreja.

Nosso objetivo, ao preparar este livrinho, é ajudar a tornar mais conhecida a devoção de São Rafael Arcanjo, um dos sete anjos que estão durante todo tempo diante do Senhor (cf. Tb 12,15a). O bom anjo que ajuda a curar os doentes, acompanha os viajantes em seus caminhos e vem em auxílio dos casais em dificuldades.

Com o auxílio de São Rafael sejamos mais dóceis e estejamos mais atentos à voz de Deus, sempre presente em nossas vidas.

As autoras

História de São Rafael

A história de São Rafael é narrada no Antigo Testamento, no livro de Tobias.

Tobit era um homem piedoso, caridoso e temente a Deus. Tendo ficado cego e pobre, pediu a seu filho, chamado Tobias, que fosse até uma cidade chamada Rages, na Média, recuperar uma quantia em dinheiro que lhe era devida.

Ao procurar alguém que conhecesse o caminho e lhe servisse de companhia, Tobias encontrou o Anjo Rafael, que sem mostrar sua verdadeira identidade se ofereceu para guiá-lo.

Durante a viagem, ao lavar os pés num rio, Tobias levou um grande susto ao se deparar com um enorme peixe que aproximou-se querendo devorar-lhe os pés. O Anjo Rafael aconselhou-o a pegar o peixe e dele retirar o fel, o coração e o fígado, pois seriam remédios úteis mais tarde.

Quando entraram na Média, o Anjo Rafael lembrou Tobias da existência de um parente chamado Ragüel e de sua filha Sara. Ela sofria de uma maldição e já havia sido casada sete vezes. Seus maridos sempre morriam na noite de núpcias.

O anjo sugeriu que Tobias desposasse a jovem, o que lhe causou medo, pois a maldição era do conhecimento de todos. Mas o Anjo Rafael tranquilizou-o, explicando que ao queimar o coração e o fígado daquele peixe na noite de núpcias, colocando-se em oração junto a Sara, nenhum mal os atingiria.

O jovem Tobias aceitou a sugestão do seu amigo e ao chegar à casa de Ragüel fez o pedido de casamento. Tudo aconteceu conforme havia predito o anjo, e o casamento trouxe grande alegria para toda a família.

Enquanto comemoravam o casamento, o Anjo Rafael seguiu viagem para recuperar o dinheiro, que estava em poder de um homem chamado Gabael.

Tendo resolvido o problema, o Anjo Rafael e Tobias começaram então a viagem de volta. Traziam junto sua esposa Sara, bem como empregados e bens que haviam sido presenteados pelos pais da jovem.

Ao chegar em casa, seguindo recomendações do anjo, Tobias passou o fel do peixe nos olhos de seu pai, que imediatamente recuperou a visão.

Felizes e agradecidos, Tobit e Tobias resolveram dividir igualmente todos os bens com o novo amigo.

Naquele momento o Anjo Rafael revelou-se a todos, dizendo: "Eu sou Rafael, um dos sete anjos que estão sempre presentes e têm acesso junto à glória do Senhor. Quando tu e Sara fazíeis oração, era eu quem apresentava vossas súplicas diante de Deus. Ele enviou-me, ao mesmo tempo para curar a ti e a tua nora Sara! Não tenhais medo! A paz esteja convosco! Bendizei a Deus para sempre!"

Dizendo isto elevou-se, e todos ficaram louvando a Deus, dando-lhe graças por aquela grande maravilha de ter-lhes aparecido um anjo de Deus.

HINO DE SÃO RAFAEL

Ó glorioso São Rafael,
A ti cantamos hinos de amor.
Em nossos cânticos uma harmonia,
De teus devotos ouve o clamor.
Ó glorioso São Rafael,
De Vista Alegre és tutelar.
De nós aceita, ó padroeiro,
Nossa homenagem queremos dar.
Ó glorioso São Rafael,
Tu és o guia e protetor
Dos viajantes e dos casais,
Sempre os defendes com muito amor.
Ó glorioso São Rafael,
És medicina de Deus criador.
Ó grande arcanjo celestial,
Guardai-nos sempre para o Senhor.
Ó glorioso São Rafael,
Ensina-nos a servir ao Senhor.
A Deus pedimos as suas bênçãos
E apresentamos o nosso amor.

Ladainha de São Rafael

Senhor, tende piedade de nós.
Cristo, tende piedade de nós.
Senhor, tende piedade de nós.

Jesus Cristo, ouvi-nos.
Jesus Cristo, atendei-nos.

Deus, Pai Celestial, criador dos espíritos celestes, *tende piedade de nós.*

Deus Filho, redentor do mundo, a quem os anjos desejam sempre contemplar, *tende piedade de nós.*

Deus Espírito Santo, felicidade dos espíritos bem-aventurados, *tende piedade de nós.*

Santíssima Trindade, que sois um só Deus, glória dos santos anjos, *tende piedade de nós.*

São Rafael, Anjo da Saúde, *rogai por nós.*

São Rafael, um dos sete espíritos que estão sempre diante do trono de Deus, *rogai por nós.*

São Rafael, que afastais para longe de nós os espíritos malignos, *rogai por nós.*

São Rafael, fiel condutor de Tobias, *rogai por nós.*

São Rafael, que levais nossas preces ao trono de Deus, *rogai por nós.*

São Rafael, que curastes a cegueira de Tobit, *rogai por nós.*

São Rafael, auxílio nas tribulações, *rogai por nós.*

São Rafael, consolo nas necessidades, *rogai por nós.*

São Rafael, que tornais felizes os vossos devotos, *rogai por nós.*

Jesus Cristo, felicidade dos anjos, *perdoai-nos.*

Jesus Cristo, glória dos espíritos celestes, *ouvi-nos.*

Jesus Cristo, esplendor dos exércitos celestiais, *tende piedade de nós*.

Ó Deus, que em vossa inefável providência fizestes São Rafael o condutor fiel de vossos filhos em suas viagens, humildemente vos imploramos que possamos ser conduzidos por ele no caminho da salvação e experimentemos seu auxílio nas doenças do corpo e da alma. Por Jesus Cristo, Nosso Senhor. Amém.

Novena de São Rafael

Festa em seu louvor
no dia 29 de setembro

Contra os vexames diabólicos e para obtermos a cura das doenças de que os médicos desconhecem a origem e ainda nas doenças da vista, sobretudo na ameaça da cegueira, aconselha-se esta novena muito simples:

Rezar em cada dia 10 glórias à Santíssima Trindade por todos os dons concedidos a São Rafael Arcanjo. Peçamos depois com simplicidade que este arcanjo nos ajude no que pretendemos, se for para glória de Deus e bem da nossa alma. Se não for, que nos obtenha o que for mais conforme com a sua Santíssima Vontade e o nosso bem. Podemos terminar dizendo: *São Rafael, príncipe-arcanjo do Senhor, que prendestes e algemastes o demônio que atormentava Sara, defendei-nos de todos os males, do corpo e da alma, pois grande é o nosso Deus e grande é o seu poder. Amém.*

"Eu sou o Anjo Rafael, um dos sete que assistimos diante do senhor" (Tb 12,15).

Orações a São Rafael

Glorioso Arcanjo São Rafael, que vos dignastes tomar a aparência de um simples viajante para vos fazer o protetor do jovem Tobias, ensinai-nos a viver sobrenaturalmente, elevando sem cessar nossas almas das coisas terrestres.

Vinde em nosso socorro no momento das tentações e ajudai-nos a afastar de nossas almas e de nossos trabalhos todas as influências do inferno.

Ensinai-nos a viver neste espírito de fé que sabe reconhecer a misericórdia divina em todas as provações e as utilizar para a salvação de nossas almas.

Obtende-nos a graça de uma inteira conformidade à vontade divina, caso ela nos conceda a cura dos nossos males ou mesmo recuse o que lhe pedimos.

São Rafael, guia, protetor e companheiro de Tobias, dirigi-nos no caminho da salvação, preservai-nos de todo perigo e conduzi-nos ao céu. Amém.

Oração a São Rafael,
Anjo dos enfermos – pelos doentes

Ficai conosco, ó Arcanjo São Rafael, chamado "medicina de Deus".

Afastai para longe de nós as doenças do corpo e da alma, e trazei saúde às nossas mentes.

Amém.

Oração a São Rafael,
Anjo dos viajantes

Ó Deus, que destes por guia ao vosso servo Tobias o bem-aventurado Arcanjo São Rafael, fazei que sejamos sempre defendidos e auxiliados com a sua proteção. Por Nosso Senhor Jesus Cristo. Amém.

Referências bibliográficas

A Bíblia de Jerusalém. São Paulo: Paulinas, 1992.

Catecismo da Igreja Católica. Petrópolis/São Paulo: Vozes/Paulinas/Loyola/Ave Maria, 2000.

Liturgia das Horas. São Paulo: Paulinas, 1992.

Conheça outras novenas

– Frei Galvão: o santo que cura devotos com pílulas de fé

– Menino Jesus de Praga *(Invocado para pedir uma graça perante um grande sofrimento)*

– Mulher Samaritana *(Invocada por divorciados, desquitados, amigados e casados só no civil)*

– Nossa Senhora da Boa Morte

– Nossa Senhora da Cabeça *(Invocada para os males físicos e emocionais que afligem a cabeça)*

– Nossa Senhora de Schoenstatt – Mãe Peregrina *(Invocada para a cura da depressão)*

– Nossa Senhora Desatadora dos Nós *(Invocada para desatar todos os nós de nossa vida)*

– Nossa Senhora do Bom Parto: protetora das gestantes

– Nossa Senhora do Carmo *(A virgem do escapulário)*

– Santa Águeda *(Invocada contra o câncer de mama)*

– Santa Filomena *(Invocada por estudantes na ocasião de exames e para pedir uma graça num momento de dificuldade familiar)*

– Santa Mônica *(Para fortalecer as mães e trazer os filhos para o bom caminho)*

– Santa Zita

– Santo Expedito *(Santo das causas urgentes)*

– Santo Onofre *(Protetor contra o vício do álcool)*

– São Cipriano *(Santo invocado para afastar o mal)*

– São Cristóvão *(Para pedir proteção nas viagens)*

– São Jorge *(Invocado nos momentos de tentações e perseguições)*

– São Longuinho *(Santo das coisas perdidas)*

– São Peregrino *(Santo dos doentes de câncer)*

– Virgem Imaculada da Medalha Milagrosa *(Para alcançar uma grande graça)*

Conecte-se conosco:

- **f** facebook.com/editoravozes
- **⊚** @editoravozes
- **𝕏** @editora_vozes
- **▶** youtube.com/editoravozes
- **☎** +55 24 2233-9033

---

www.vozes.com.br

Conheça nossas lojas:
www.livrariavozes.com.br

Belo Horizonte – Brasília – Campinas – Cuiabá – Curitiba
Fortaleza – Juiz de Fora – Petrópolis – Recife – São Paulo

EDITORA VOZES LTDA.
Rua Frei Luís, 100 – Centro – Cep 25689-900 – Petrópolis, RJ
Tel.: (24) 2233-9000 – E-mail: vendas@vozes.com.br